BEI GRIN MACHT SICH IHR
WISSEN BEZAHLT

AF145723

- Wir veröffentlichen Ihre Hausarbeit,
  Bachelor- und Masterarbeit

- Ihr eigenes eBook und Buch -
  weltweit in allen wichtigen Shops

- Verdienen Sie an jedem Verkauf

Jetzt bei www.GRIN.com hochladen
und kostenlos publizieren

GRIN

Bibliografische Information der Deutschen Nationalbibliothek:

Die Deutsche Bibliothek verzeichnet diese Publikation in der Deutschen National-
bibliografie; detaillierte bibliografische Daten sind im Internet über http://dnb.d-
nb.de/ abrufbar.

Dieses Werk sowie alle darin enthaltenen einzelnen Beiträge und Abbildungen
sind urheberrechtlich geschützt. Jede Verwertung, die nicht ausdrücklich vom
Urheberrechtsschutz zugelassen ist, bedarf der vorherigen Zustimmung des Verla-
ges. Das gilt insbesondere für Vervielfältigungen, Bearbeitungen, Übersetzungen,
Mikroverfilmungen, Auswertungen durch Datenbanken und für die Einspeicherung
und Verarbeitung in elektronische Systeme. Alle Rechte, auch die des auszugsweisen
Nachdrucks, der fotomechanischen Wiedergabe (einschließlich Mikrokopie) sowie
der Auswertung durch Datenbanken oder ähnliche Einrichtungen, vorbehalten.

Impressum:

Copyright © 2019 GRIN Verlag
Druck und Bindung: Books on Demand GmbH, Norderstedt Germany
ISBN: 9783668989412

Dieses Buch bei GRIN:

https://www.grin.com/document/490943

Tina Kornetzke

Mutter, Vater, Kind war gestern. Familie im Wandel

GRIN Verlag

Inhalt

1 Vorbemerkungen

Die Idee meine Facharbeit zum Thema „Familie im Wandel" zu schreiben, kam mir als ein Fußballtrainer mir erzählte, dass seine Jungen in der Kabine darüber redeten, wer an welchem Wochenende bei Mama oder Papa lebe. Dabei stellten sie fest: „Bei Paul ist das komisch, da wohnen Mama und Papa zusammen." So stellt sich die Frage: Was ist eine „normale" Familie? Gibt es diese überhaupt noch? Im Zuge dieses Gespräches war mein Interesse geweckt und ich entschloss mich, meine Facharbeit diesem Thema zu widmen.

Mein erster Ansatz war, mich in meiner eigenen Umgebung umzuschauen, wie meine Mitschüler leben. Ich stellte schnell fest, dass ich einige Freunde habe, die nicht wie ich, mit Mutter, Vater und Geschwistern, zusammenleben. Daraufhin kam mir die Idee, eine Umfrage zu machen. Zudem schrieb mein Großonkel kürzlich ein Buch über das Leben seiner Eltern und Großeltern, welches das Familienleben seit etwa 1890 beleuchtet. Im Gegensatz zu meiner Cousine, die mit ihrer Mutter allein lebt und ihren Vater nur am Wochenende aller zwei Wochen sieht, wohnten früher viele Familienmitglieder aus mehreren Generationen unter einem Dach.

Im ersten Teil der Facharbeit gehe ich auf die Geschichte der Familie ein, anschließend erläutere ich Familienmodelle sowie Wohnmodelle der Gegenwart und benenne Ursachen für den Wandel der Familienformen. Letztlich gebe ich einen Ausblick auf die Zukunft. Das Thema habe ich durch diese Schwerpunkte abgesteckt, weil man die historische Ausgangssituation, aber auch die momentane Lage kennen und analysieren muss, um von einem Wandel sprechen zu können. Da diese Informationen sehr vielfältig sind, könnte es schwierig werden, diese im vorgegebenen Rahmen umfassend wiederzugeben. Des Weiteren gibt es kaum Literatur, welche sowohl die Geschichte der Familie als auch die heutige Situation beschreibt.

Das Ziel dieser Facharbeit ist es, sich zunächst mit verschiedenen Familienmodellen im Laufe der Zeit auseinander zu setzen und zu analysieren, aus welchen Gründen und inwiefern ein Wandel stattgefunden hat und stattfindet. Gerne möchte ich auch Außenstehenden einen besseren Einblick in die Thematik geben.

2 Definition des Begriffs Familie

Der Begriff „Familie" beschreibt eine Lebensgemeinschaft, die aus Eltern und Kindern besteht und aufgrund von Partnerschaft, Heirat, Adoption oder Abstammung entstanden ist[1].

Traditionell besteht das Familienideal aus Mutter, Vater und Kindern. Allerdings verändert sich dieses mit der Zeit. „Eine allgemeingültige Definition von Familie ist fast unmöglich."[2] sagt der systemische Familientherapeut Dr. Matthias Ochs von der Universitätsklinik Heidelberg.

Max Wingen, welcher Ministerialbeamter im Bundesfamilienministerium war, stellt die Familie als „grundlegende Vermittlungsinstanz zwischen Individuum und Gesellschaft"[3] dar. Diese Definition von Familie trifft auf alle traditionellen sowie modernen Familienformen zu.

Daraus ergeben sich unterschiedliche Merkmale. Zum einen sind mindestens zwei Generationen sowie Geschlechter vorhanden. Des Weiteren führt eine solche Lebensgemeinschaft meist einen gemeinsamen Haushalt. Außerdem sichert eine Familie die Generationenfolge, indem die Eltern das Leben an ihre Kinder weitergeben. Die Eltern ziehen ihre Kinder groß und bringen diesen bestimmte gesellschaftliche Regeln und Normen bei.

Ein soziales Strukturelement ist nur in der Gesellschaft des Menschen vorzufinden, denn im Tierreich werden die Nachkommen nur großgezogen, doch bei Menschen besteht eine lebenslange Beziehung zwischen der Elterngeneration und den Kindern[4]. Der Begriff „familia", welcher aus der lateinischen Sprache stammt, bedeutet „vielschichtig". Dieses Wort ist ein Kollektivum aus dem Begriff „famulus", welches „der Diener" heißt. Allerdings gibt es, sowohl im Griechischen, als auch im Lateinischen, kein Wort für den heutigen Begriff „Familie"[1].

Der Stellenwert der Familie hat in den vergangenen Jahren zugenommen. Während im Jahr 2006 nur 76% die Familie, neben Freunden, Beruf und Hobbys, an erste Stelle setzten, waren es zehn Jahre später bereits 79% (vgl. Anlage 1). Außerdem sagen circa 9 von 10 Eltern, dass die Familie für Zusammenhalt in schwierigen Zeiten sorgt[5].

---

[1] vgl. Munkenast, Ramona (Hrsg.), GRIN Verlag: Norderstedt (2017): Familie im Wandel. Die Sozialgeschichte der Familie; Seite 2
[2] https://www.urbia.de/magazin/familienleben/politik-und-gesellschaft/wer-und-was-ist-eigentlich-familie (27.12.2018)
[3] Schroedel (Hrsg.): Braunschweig (2014): Mensch & Politik; Sekundarstufe II; Gemeinschaftskunde, Rechtserziehung, Wirtschaft; Seite 123
[4] vgl. Karl-Heinz Otto (Hrsg.), Westermann Verlag: Braunschweig (2017): Welt im Wandel; Seite 119
[5] http://docreader.readspeaker.com/docreader/?cid=cbeki&lang=de_de&url=http://www.bmfsfj.de/blob

3 Familie im 19. Jahrhundert

3.1 Die bäuerliche Familie

Im 19. Jahrhundert bezeichnete man Bauernfamilien auch als Großfamilien, denn diese bestanden nicht nur aus Eltern und Kindern, sondern auch die Großeltern waren Teil der Hausgemeinschaft. Teilweise nahmen auch ledige Geschwister der Eltern am Familienleben teil. Darüber hinaus lebten auf einem Bauernhof Knechte und Mägde, welche Hilfsarbeiten übernahmen, sowie die Tagelöhner, die aus allen Regionen des Landes kamen, um bei der Ernte zu helfen.

Zu dieser Zeit war das Zusammenleben in einer Ehe nahezu eine Lebensnotwendigkeit. Die Frau wurde für den Haushalt, die Milchwirtschaft und die Kleinviehhaltung benötigt und der Mann übernahm die Feldarbeit. Außerdem war es für die Entlastung im Alter von großer Bedeutung Kinder zu haben, da diese die Pflege im Alter übernehmen konnten. Oftmals wurden Jungen bevorzugt, da diese eine potentielle Arbeitskraft darstellten und somit die Altersversorgung der Eltern gesichert war. Des Weiteren trugen die männlichen Nachfahren den Namen der Familie weiter, wenn sie heirateten und erbten den Hof der Eltern, während die Mädchen wegzogen und eine Mitgift erhielten.

Die ökonomischen Gesichtspunkte waren für eine Ehe ausschlaggebend und bestimmten die Partnerwahl. Man richtete sich nach den territorialen Gegebenheiten des Partners beziehungsweise denen seiner Eltern. Damit die Felder, Wälder und Wiesen in der Familie blieben, betrieb man oft Verwandtschaftsheirat. In jedem Falle aber wurde zu dieser Zeit nur innerhalb der gleichen sozialen Schicht geheiratet.

In einer Ehe hatte der Hausvater das Sagen und die Frau war dem Mann immer untergeordnet. Beispielsweise war es eine Sitte, dass der Vater der Familie immer die größte Portion des Essens bekam und seine Frau ihn bediente. Erst im 19. Jahrhundert entwickelte sich eine gemeinsame Mahlzeit[6].

Aufgrund des hohen Heiratsalters, welches durchschnittlich zwischen dem 25. und 30. Lebensjahr lag, war die Fruchtbarkeitsperiode der Frauen während der Ehe kurz[6]. Aufgrund der mangelnden Hygiene sowie der unzureichenden medizinischen Versorgung war die Kindersterblichkeitsrate jedoch relativ hoch.

Die Kinder bekamen nur wenig Zuneigung und Aufmerksamkeit. Sie wurden mithilfe von körperlichen Strafen zur Gehorsamkeit erzogen.

---

[6] vgl. https://www.grin.com/document/59001 (29.12.2018)

Da im Sommer aufgrund der Ernte, bei der die Kinder als billige Arbeitskraft mithelfen mussten, kein Unterricht stattfand und nur wenige qualifizierte Lehrer vorhanden waren, stellte Andrea Henschel von der Friedrich-Schiller-Universität in Jena fest: „Die ländliche Schulbildung war auf einem sehr niedrigen Stand."[7].

Zusammenfassend kann man sagen, dass die Wertschätzung der Mitglieder der Familie abhängig von der Wichtigkeit der Arbeit auf dem Hof war und die Kinder lediglich versorgt wurden, sich ansonsten aber selbst überlassen blieben. Sobald sie alt genug waren, mussten sie bei den Arbeiten auf dem Hof mithelfen.

3.2 Die bürgerliche Familie

Die bürgerliche Familie entwickelte sich aus den städtischen Kaufleuten und dem Bürgertum, welches zunehmend mehr Bildung erlangte.

Typisch für die bürgerliche Familie ist, dass das Gesinde und die Dienstboten nicht mehr aus der eigenen sozialen Schicht stammen. Zudem sind sie räumlich von der Familie, welche nur noch aus Eltern und Kindern, nicht mehr den Großeltern besteht, getrennt. Somit erfolgt eine intensivere Konzentration auf die Kernfamilie.

Um die Privatisierung des Familienlebens zu erreichen, wurden Arbeitsplatz und Wohnort getrennt. Allerdings ging nur der Mann, als Ernährer der Familie, außer Haus arbeiten. Aufgrund seines dadurch erfolgreichen Berufslebens sowie seines akademischen Werdeganges, stellt der Vater die Autoritätsperson der Familie dar. Die Frau hingegen ist für das Personal verantwortlich. Oftmals gibt es ein „Fräulein", welches sich um die Erziehung der Kinder sorgt, und eine Haushaltskraft, die Unterstützung im Haushalt leistet. Zum anderen verkörpert die Frau einer bürgerlichen Familie im 19. Jahrhundert die Hausfrau und Mutter. Diese klare Verteilung der Aufgaben zwischen den Ehegatten beweist die zunehmende Polarisierung der Geschlechterrollen zu dieser Zeit.

Im Gegensatz zu den Jungen dürfen die Mädchen keine schulische Bildung genießen. Demzufolge haben sie auch nicht die Möglichkeit, sich ihre Zukunft selbstständig zu gestalten. Sie sind immer abhängig, in ihrer Kindheit von den Eltern und später von ihrem Mann. Erst 1893 wurden in Berlin und Karlsruhe Gymnasien eröffnet, an denen auch Mädchen lernen durften und somit die Aussichten auf ihr Leben verbesserten[8].

---

[7] https://www.grin.com/document/59001 (29.12.2018)
[8] vgl. Munkenast, Ramona (Hrsg.), GRIN Verlag: Norderstedt (2017): Familie im Wandel. Die Sozialgeschichte der Familie; Seite 6

Bei den Jungen ist das Anstreben einer akademischen oder militärischen Karriere angesehen. Somit wird der Fokus vermehrt auf die Erziehung und Bildung der Kinder, insbesondere der Jungen, gelegt.

Im Bürgertum war die Partnerwahl innerhalb der eigenen gesellschaftlichen Schicht jedem selbst überlassen und aufgrund dessen ist die Ehe auch zunehmend durch persönliche Zuneigung und Liebe geprägt.

3.3 Die proletarische Familie

Lange Arbeitszeiten, geringer Lohn und miserable Wohnverhältnisse prägen die proletarische Familie im 19. Jahrhundert (vgl. 19).

Da für enge und feuchte Wohnräume, welche zu 90% Etagenwohnungen waren, hohe Mieten verlangt wurden, waren die Familien nicht nur auf den Verdienst des Mannes, sondern auch auf den der Frau angewiesen.

Das erweist sich als eine Umstellung für den Mann im Vergleich zur bäuerlichen Familie, da er ab nun nicht mehr allein die Familie ernährt und demzufolge auch nicht mehr die Autorität der Familie darstellt.

„Die Männer [sehen] die Frauen als Konkurrentinnen am Arbeitsmarkt [an und] fordern deshalb, die Frauenquote in der Industriearbeit einzugrenzen."[9] findet Ramona Munkenast heraus. Daraus kann man schlussfolgern, dass die Männer sich durch diese Methode ihre Arbeitsplätze sichern und erhalten wollen. Die Frauen arbeiten meistens im Bereich der Dienstleistungen. Als gelernte Fabrikarbeiter, wie beispielsweise Schlosser in der Maschinenindustrie, hatte man bessere Aussichten auf höhere Löhne.

Zur Zeit der Industrialisierung waren billige Arbeitskräfte gesucht und somit wurde auch Kinderarbeit in Kauf genommen. Die Eltern hatten keinen Einwand, denn sie lebten in Abhängigkeit von der Lohnarbeit, um ihre Wohnungen zu finanzieren und waren somit auch auf das Geld, welches ihre Kinder verdienten, angewiesen. Außerdem erwirtschafteten sich insbesondere Witwen durch Schlaf- und Kostgänger einen Teil ihrer Miete. Schlafgänger mieteten sich nur ein Bett, welches sich in den meisten Fällen mit im Schlafzimmer der Familie befand, und Kostgänger bekamen darüber hinaus Mahlzeiten. Oft blieben diese Untermieter nur 10 bis 12 Wochen bei einer

---

[9] Munkenast, Ramona (Hrsg.), GRIN Verlag: Norderstedt (2017): Familie im Wandel. Die Sozialgeschichte der Familie; Seite 6 f.

Familie. Im Jahr 1900 hatten diese einen 12 prozentigen Anteil an der Gesamtbevölkerung Münchens[10].

In ihren Wohnungen, in denen es oftmals an Hygiene mangelte, war meist nur so wenig Platz, dass nicht für jedes Familienmitglied ein Bett vorhanden war und sie demzufolge geteilt werden mussten. Des Weiteren hatten die Kinder kaum Platz zum Spielen und vergnügten sich dadurch vielmals auf den Straßen. Bei Gelegenheit stahlen sie Lebensmittel, da sie vom Hunger geplagt waren. Vom Elternhaus bekamen die Kinder zu dieser Zeit nur wenig Schutz und Fürsorge, denn die Eltern hatten aufgrund der Armut mit vielen Sorgen und Problemen zu kämpfen.

Beispielsweise hatten die Arbeiter kein Mitspracherecht in Bezug auf die Arbeitszeiten, den Lohn oder die Bedingungen, unter denen sie arbeiteten. Zudem konnten Arbeitnehmer ohne finanzielle Unterstützung entlassen werden, wenn sie krank waren oder einen Unfall hatten. Tagelöhner hatten darüber hinaus auch keine soziale Absicherung, denn der Stundenlohn wurde in Fabriken jeden Tag neu verhandelt.

4 Familienformen der Gegenwart

4.1 Die Kernfamilie

Die Kernfamilie ist gekennzeichnet durch Vater und Mutter, welche verheiratet sind, sowie deren gemeinsamen leiblichen Kindern. Im Jahr 2017 lebten in Deutschland insgesamt etwa 8 Millionen Ehepaare mit Kindern (vgl. Anlage 2). Circa 78% aller deutschen Kinder leben mit ihren leiblichen, verheirateten Eltern in einem Haushalt[11]. In der durchgeführten Umfrage leben ebenfalls 80% der Schüler des Jahrgangs 2002/2003 in einer Kernfamilie (vgl. Anlage 17). Somit stellt die Kernfamilie das am häufigsten vertretene Familienmodell dar.

Der Familienzyklus ist folgendermaßen aufgebaut: Zuerst findet die Gründung eines eigenen Haushalts statt. Im Anschluss wird oftmals vor der Geburt des ersten Kindes geheiratet. Die Familienerweiterung ist durch Geburten folgender Kinder geprägt. Dabei liegt der Durchschnittswert der Kinder, die eine deutsche Frau bekommt, bei 1,46[12].

---

[10] https://www.uni-muenster.de/imperia/md/content/hist_sem_swg/studium/ss08/s09proletarischeiso88591qverhe4ltnisse folien2epdf (02.01.2019)

[11] https://www.beratung-caritasnet.de/eltern-kinder-und-jugendliche/erziehungs-und-familienberatung/informationen/themen/allgemeine-erziehungs-und-familienfragen/zusammenleben-in-verschiedenen-familienformen/ (04.02.2019)

[12] https://www.zeit.de/gesellschaft/zeitgeschehen/2018-03/geburtenrate-deutschland-anstieg-statistisches-bundesamt (19.02.2019)

Die Politik schützt die Frauen mithilfe des Mutterschutzgesetzes in den Wochen vor und nach der Geburt. Das bedeutet, dass die Mütter bei einem vom Arzt oder Arbeitgeber angeordneten Beschäftigungsverbot (vgl. Anlage 13) sowie sechs Wochen vor dem Geburtstermin ihres Kindes und acht Wochen nach der Geburt nicht beschäftigt werden dürfen, jedoch das volle Entgelt bekommen (vgl. Anlage 14). Besonders hervorzuheben ist zudem der Kündigungsschutz während der Schwangerschaft und der Elternzeit (vgl. Anlage 15). Außerdem können Mutter und Vater seit dem Jahr 2007 Elterngeld beantragen, um Einkommensausfälle, während sie ihre Arbeit unterbrechen, um ihre Säuglinge aufzuziehen, auszugleichen. Ein Elternteil kann bis zu 12 Monate beantragen, das andere 2 Monate. Die Verteilung der 14 Elterngeldmonate ist dem Ehepaar selbst überlassen. Berechnet wird die Transferleistung des Staates mit dem durchschnittlichen Erwerbseinkommen des Antragsstellers. Man erhält mindestens 300€ und maximal 1.800€ pro Monat.

Heutzutage nutzt jeder dritte Vater das Elterngeld, woran deutlich wird, dass Männer sich verstärkt an der Erziehung der Kinder beteiligen. Etwa 50% der Männer würden gern weniger arbeiten, um mehr Zeit mit ihren Kindern verbringen zu können[13].

In der Kernfamilie stehen die Kinder im Mittelpunkt und strukturprägend sind erzieherische Handlungen der Eltern[14]. Demzufolge sind beide Elternteile für die Erziehung der Kinder zuständig und die Erwerbsfähigkeit sowohl des Mannes als auch der Frau ist gewährleistet. Der Mann stellt nicht mehr den Haupternährer der Familie dar. Zudem ist die Frau eigenständig und emanzipiert.

4.2 Alleinerziehende

Als Alleinerziehende bezeichnet man Mütter oder Väter, die allein mit ihren Kindern in einem gemeinsamen Haushalt leben, aber keinen Ehe- oder Lebenspartner an ihrer Seite haben. Sie organisieren sowohl den Alltag und den Haushalt als auch die Kindererziehung und das Einkommen allein.

Erst seit dem Jahr 2002 spricht man in den offiziellen Statistiken der Bundesrepublik Deutschland von „alleinerziehenden Müttern und Vätern". Vorher war die Rede von „alleinstehenden Elternteilen"[15].

---

[13] Karl-Heinz Otto (Hrsg.), Westermann Verlag: Braunschweig (2017): Welt im Wandel, Ein Informations- und Arbeitsheft für die Sekundarstufe II; Seite 121
[14] vgl. http://mediationswerkstatt-muenster.de/fileadmin/daten/mediationswerkstatt/literatur/Familien_Formen.pdf (09.02.2019)
[15] vgl. https://masgf.brandenburg.de/sixcms/media.php/4055/alleinerziehend.pdf (13.02.2019)

Im Jahr 2017 leben in Deutschland circa 2,6 Millionen Alleinerziehende, welche 22,6% aller Familien ausmachen. Dieser Prozentsatz erreichte im Jahr 2015 mit 24% seinen Höchstwert. 1997 waren nur 17,1% der Familien Alleinerziehende (vgl. Anlage 3). Mit 84,1% stellten die Frauen die eindeutige Mehrheit der Alleinerziehenden dar (vgl. Anlage 4).

Seit der Kindschaftsreform, welche im Jahr 1998 stattfand, gibt es neben dem Sorgerecht eine Sorgerechtalternative für getrennte Eltern. Diese beinhaltet, dass sowohl Vater als auch Mutter das gemeinsame Sorgerecht für ihre Kinder haben. So hat das alleinerziehende Elternteil zwar einen größeren Anteil an der Erziehung, der andere Part hat trotzdem auch die Möglichkeit, Zeit mit seinen Kindern zu verbringen, da er das Besuchsrecht besitzt. Rechtlich gesehen ist ein Elternteil nur dann Alleinerziehend, wenn es das alleinige Sorgerecht besitzt.

Etwa ein Drittel der Alleinerziehenden führt ein gut organisiertes Leben, hat eine optimistische Einstellung zum Leben und erlangt ausreichend Einkommen[16]. Demzufolge kann man nicht sagen, dass man Alleinerziehende prinzipiell als eine finanziell benachteiligte Gruppe ansehen kann. Allerdings sind nur 68% der Alleinerziehenden Mütter und Väter Teil des Arbeitsmarktes[17]. Um diesen Anteil zu erhöhen, werden mehr Betreuungsplätze für die Kinder benötigt. „Vom Ausbau der Kinderbetreuung durch das Kinderförderungsgesetz und den seit 2013 bestehenden Rechtsanspruch auf einen Kinderbetreuungsplatz ab dem ersten Lebensjahr profitieren insbesondere auch Alleinerziehende.", berichtet das Bundesministerium für Familie, Senioren, Frauen und Jugend[18].

---

[16] https://masgf.brandenburg.de/sixcms/media.php/4055/alleinerziehend.pdf (13.02.2019)
[17] https://www.bmfsfj.de/bmfsfj/themen/familie/chancen-und-teilhabe-fuer-familien/alleinerziehende (12.02.2019)
[18] https://www.bmfsfj.de/bmfsfj/themen/familie/chancen-und-teilhabe-fuer-familien/alleinerziehende (12.02.2019)

4.3 Die Patchwork- oder Stieffamilie

Die Familienform der Patchworkfamilie existiert schon lang doch früher wurde sie als Stieffamilie bezeichnet.

Beide Begriffe beinhalten, dass die Kinder mit einem leiblichen Elternteil und dessen neuen Partner gemeinsam in einem Haushalt leben. Der neue Partner kann ebenfalls seine leiblichen Kinder in die Lebensgemeinschaft einbringen (vgl. Anlage 16).

Die Vorsilbe „Stief" heißt auf Althochdeutsch „hinterblieben". Das bedeutet, dass eine Stieffamilie nur zu Stande kam, wenn ein leibliches Elternteil des Kindes starb. Früher fielen viele Männer im Krieg oder die Frauen starben im Wochenbett, doch aus finanziellen und sozialen Gründen haben die Hinterbliebenen meist erneut geheiratet. Somit ersetzt das Stiefelternteil das verstorbene leibliche Elternteil.

Da in den Märchen immer das Bild der „bösen Stiefmutter" aufkam und der Begriff daher negativ belegt ist, verwendet man heute den Begriff „Patchworkfamilie". Außerdem ist der Tod eines leiblichen Elternteils heute in den seltensten Fällen der Grund für die Gründung einer Patchworkfamilie, da in Deutschland die dritte Generation nach dem Krieg lebt und die Medizin große Vorschritte macht. Die Ursache dessen liegt vielmehr in den hohen Scheidungsraten. Im Jahr 2003 wurden knapp 214.000 Ehen geschieden, allerdings ist diese Zahl bis zum Jahr 2017 bereits auf rund 153.000 Scheidungen gesunken (vgl. Anlage 5)

Der Begriff Patchwork stammt aus dem Englischen und bedeutet „Stückwerk".

Man unterscheidet vier Typen der Patchwork- und Stieffamilien (vgl. Anlage 5). Zum einen gibt es die Stiefmutterfamilie, in der der biologische Vater des Kindes eine neue Partnerin hat und diese zur Stiefmutter des Kindes wird. Das Gegenteil davon bezeichnet man als Stiefvaterfamilie. Hier wird der neue Partner der biologischen Mutter eines Kindes zum Stiefvater ernannt. Außerdem existiert die zusammengesetzte Stieffamilie, in welche beide Erwachsenen ihre leiblichen Kinder aus der vorherigen Partnerschaft einbringen. Somit werden beide Partner zu Stiefeltern der Kinder des jeweils anderen. Der vierte Typ stellt die klassische Patchworkfamilie dar, die komplexe Stieffamilie. Diese gleicht dem Aufbau der zusammengesetzten Stieffamilie. Hinzu kommt, dass die Erwachsenen gemeinsam ein leibliches Kind haben.

In Deutschland sind in etwa 7 bis 13% aller Familien Patchwork- oder Stieffamilien[19]. Davon wiederrum sind circa 50% Stiefvaterfamilien, etwa ein Drittel dieser Familien beinhaltet eine Stiefmutter und knapp ein Viertel bilden die komplexen Stieffamilien (vgl. Anlage 7).

In vielen Fällen werden Patchworkfamilien zu Großfamilien, da 45% drei oder mehr Kinder haben[12]. Dies erfordert viel Organisationstalent sowie Geschick. Zum einen ist es wichtig, dass Eltern sich auf Erziehungsregeln einigen, denn oft sind die Konkurrenzgefühle gegenüber neuen Geschwistern da. Des Weiteren ist es für Kinder eine schwere emotionale Phase, wenn die Eltern auseinander gehen. Eine zusätzliche Belastung ist dann die neue Familie. Laut einiger Studien brauchen Patchworkfamilien circa fünf Jahre zum Zusammenwachsen[20].

Vorteilhaft ist, dass Kinder aus Stieffamilien oftmals sozialer, konfliktfähiger aber auch toleranter sind als andere Gleichaltrige, da sie gelernt bekommen mit verschiedenen Bezugspersonen umzugehen, Fürsorge und Solidarität zu zeigen sowie Verantwortung für andere zu übernehmen.

Rechtlich gesehen, kann das Stiefelternteil das „kleine Sorgerecht" erlangen, wenn es mit dem leiblichen Elternteil verheiratet ist. Somit kann es Mitentscheidungen im täglichen Leben treffen. Die Verheiratung ist in 75% dieser Familienform der Fall (vgl. Anlage 8). Das biologische Elternteil, bei dem das Kind nicht lebt, zahlt den Unterhalt weiterhin, auch wenn der ehemalige Partner bereits erneut verheiratet ist.

5 Wohnmodelle für Trennungskinder

5.1 Das Wechselmodell

Immer mehr Eltern entscheiden sich nach ihrer Trennung oder Scheidung für das Wechselmodell. In diesem Wohnmodell werden die Kinder, deren Eltern getrennt leben, sowohl im Haushalt der Mutter als auch in dem des Vaters versorgt.

Geschieht das in einer Zeitverteilung von 50:50 spricht man von einem paritätischen Wechselmodell, da der Begriff „paritätisch" soviel wie „gleichgestellt" bedeutet. Somit findet der Wechsel zwischen den Wohnorten der Eltern in regelmäßigen Abständen statt.

Etwa 4,3% der getrenntlebenden Familien in Deutschland praktizieren das Wechselmodell (vgl. Anlage 9). Die meisten Kinder sind zwischen sechs und zwölf

---

[19] https://www.bmfsfj.de/blob/76242/1ab4cc12c386789b943fc7e12fdef6a1/monitor-familienforschung-ausgabe-31-data.pdf (19.02.2019)
[20] vgl. https://www.kindaktuell.at/schule-co/patchworkfamilien-was-ist-das-genau.html (19.02.2019)

Jahren alt, da kleinere Kinder eher einen festen Bezugsort brauchen (vgl. Anlage 10). Laut der erhobenen Statistik des Jahrgangs 2002/2003 an dem Test-Gymnasium leben fünf von zwölf getrenntlebenden Familien nach dem Wechselmodell (vgl. Anlage 24).

Familien, die sich für dieses Wohnmodell entscheiden, müssen das nicht vor dem Familiengericht klären, denn eine Elternvereinbarung beider Elternteile wird ebenfalls amtlich anerkannt.

Wie hier bereits zu erkennen ist, erfordert das Wechselmodell viel Kommunikation und Kooperationsbereitschaft der Eltern. Außerdem sollten die Regeln der Erziehung sowohl vor als auch nach der Trennung relativ gleich sein, denn besonders kleine Kinder benötigen kontinuierliche Regeln. Ebenso wichtig ist es, dass die Wohnorte der Eltern nah beieinander liegen, damit von beiden Standorten aus der Kindergarten oder die Schule erreichbar ist. Darüber hinaus sollte das Kind eine positive Bindung zu beiden Elternteilen haben[21].

Das Wechselmodell ruft teilweise doppelte Kosten hervor, denn beispielsweise Kleidung und Spielsachen sind in beiden Haushalten vorhanden. Da ein enormes Konfliktpotential besteht, sollten die Eltern darauf achten, dass die Bedürfnisse des Kindes im Mittelpunkt stehen. Das Wechselmodell kann bei einigen Kindern körperliche oder psychische Probleme verursachen, da es schwer sein kann, keinen festen Wohnsitz zu haben. Nichtsdestotrotz verfügen diese Kinder über einen besseren physischen Gesundheitszustand als Kinder, die immer bei einem Elternteil leben[22].

Ebenso kann man die angeblichen Stressbelastungen, die das Kind aufgrund des ständigen Wechsels zu tragen hätte, verneinen. Wenn das Kind wöchentlich zwischen den Haushalten seiner Eltern wechselt, ändert es seinen Wohnort insgesamt vier Mal pro Monat. Im Gegensatz dazu muss sich das Kind im Residenzmodell mit erweitertem Umgang, in welchem es hauptsächlich bei einem Elternteil wohnt und das andere es nur hin und wieder behält, zwölf Mal innerhalb eines Monates bei dem zu besuchenden Elternteil eingewöhnen (vgl. Anlage 11).

Hinzuzufügen ist, dass die Kinder durch den regelmäßigen Wechsel den Kontakt zu beiden Elternteilen pflegen und so durchaus die Trennung besser verkraften.

---

[21] vgl. https://www.vamv-berlin.de/wechselmodell/das-wechselmodell-aus-sicht-des-kindes/ (20.02.2019)
[22] sünderhauf_2016_frühekindheitonline.pdf (20.02.2019)

Zudem ist kein Elternteil benachteiligt, weil beide gleichermaßen an der Erziehung des Kindes teilnehmen können. In 92,5% der Wechselmodelle haben beide Partner das Sorgerecht (vgl. Anlage 12). Ein Elternteil bekommt das gesamte Kindergeld überwiesen, wobei dem anderen Elternteil die Hälfte des Kindergeldes auf den zu zahlenden Unterhalt angerechnet wird. Somit sind diesbezüglich beide gleichgestellt. Weiterhin sind laut dem Urteil des Bundesgerichtshofs vom 05.11.2014 Eltern, die sich für das Wechselmodell entschieden, nicht von Unterhaltszahlungen befreit[23]. Das bedeutet, dass beide Elternteile an den jeweils anderen Unterhalt bezahlen, es sei denn, die Einkommensverhältnisse sind gleich.

Daraus lässt sich schlussfolgern, dass das Wechselmodell kein Trend ist, sondern die Folge der Lockerung der klassischen Rollenverteilungen in einer Familie. In den heutigen modernen Familien gibt es nicht mehr die klassische Hausfrau, sondern Mann und Frau gehen arbeiten und sorgen gemeinsam für die Erziehung des Kindes. Somit ergibt das Wechselmodell Sinn, denn hier sind ebenfalls beide Elternteile weiterhin voll erwerbsfähig und kümmern sich zu gleichen Anteilen um die Kindererziehung. Die Professorin Hildegund Sünderhauf für Familienrecht der Hochschule Nürnberg fasst zusammen, dass „das Residenzmodell auf nicht mehr zeitgemäßen Rollenmodellen [beruht]"[24]. Damit wird deutlich, dass Familien, die das Residenzmodell beziehungsweise die Form des Alleinerziehenden leben, wieder in die alte Rollenverteilung wie die der Hausfrau und Mutter zurückfallen.

5.2 Das Nestmodell

Das Nestmodell ist eine Form des Wechselmodells. Demzufolge werden auch hier die Eltern zu gleichen Teilen in die Erziehung des Kindes einbezogen. Der Unterschied zum Wechselmodell liegt darin, dass die Kinder einen festen Wohnort besitzen. Die voneinander getrennten oder geschiedenen Eltern nutzen den Lebensort des Kindes abwechselnd mit.

Dieses Wohnmodell wurde so benannt, da der Wohnort, an dem die Kinder aufgewachsen sind und wohnen bleiben, das Nest bildet. Die Eltern kommen, ähnlich wie bei den Vögeln, abwechselnd ins „Nest" zurück um den Nachwuchs zu versorgen. In den meisten Fällen haben beide Eltern parallel zum Wohnort des Kindes eine eigene Wohnung. Somit haben sie in der Zeit, wo ihr ehemaliger Partner beim Kind lebt, ihre

---

[23] vgl. https://www.scheidungsrecht.org/wechselmodell/ (20.02.2019)
[24] sünderhauf_2016_frühekindheitonline.pdf (20.02.2019)

Privatsphäre. Demzufolge müssen allerdings drei Wohnungen bezahlt werden und da dies in vielen Familien schwer finanzierbar ist, gibt es auch Eltern, die sich neben dem „Nest" eine zweite Wohnung teilen. Allerdings hat man somit keine Privatsphäre und sobald ein Elternteil eine neue Beziehung eingeht, funktioniert das System nicht mehr.

Der Grund für die Entscheidung für das Nestmodell liegt größtenteils darin, dass die Kinder nicht aus ihrer verwurzelten Umgebung herausgerissen werden sollen. Bei der Wahl dieses Modells für Trennungskinder können diese in ihrer Nachbarschaft wohnen bleiben, ihren Hobbys weiterhin nachgehen und soziale Kontakte pflegen. Zudem können Freunde eine emotionale Hilfe beim Verkraften der Trennung der Eltern sein. Hinzuzufügen ist, dass das Kind automatisch das Gefühl hat, zu Hause zu sein und die persönliche Bindung zu beiden Elternteilen ist sichergestellt.

Festzustellen ist, dass sich wenige Eltern für das Nestmodell entscheiden[25]. Meistens leben Familien mit kleineren Kindern nach diesem Wohnmodell, denn bei diesen ist besonders wichtig, dass die Eltern ihnen das ständige Pendeln abnehmen und die Konsequenzen ihrer Trennung selbst tragen.

Oftmals stellt das Nestmodell nur eine Übergangslösung dar, allerdings wird es auch von der ein oder anderen Familie als dauerhaftes Wohnmodell genutzt.

Bei diesem Wohnmodell entfallen Unterhaltszahlungen der Eltern. Das Elternteil, welches ein monatlich höheres Einkommen hat, muss sich umso mehr an der Finanzierung des „Nests" beteiligen.

6 Ursachen des Wandels der Familienformen

Hauptsächlich findet man die Ursachen des Familienwandels zu Beginn des 19. Jahrhundert zur Zeit der Industrialisierung, denn dort löste man sich erstmals von dem Familienleben, um in die Stadt arbeiten gehen zu können. Außerdem war nach dem zweiten Weltkrieg der Wohnraum zerstört und viele Familienmitglieder sind ums Leben gekommen. Aufgrund der unsicheren Wirtschaftslage, heiratete man oftmals ein zweites Mal. So hatte man größere Chancen auf staatliche Unterstützung, beispielsweise bei der Verteilung von Wohnraum.

Die Individualisierung hat im Zusammenhang mit der Gleichstellung der Frau mit dem Mann, der Emanzipation, ebenfalls eine große Auswirkung auf das heutige Familienleben. Die Frauen erlangen seit den 1970er Jahren immer mehr Bildung und

---

[25] vgl. https://www.waz.de/leben/warum-es-trennungskinder-haeufig-so-schwer-haben-id212214089.html (20.02.2019)

die Chancengleichheit in Ausbildung sowie Beruf wächst. Dadurch nimmt die Erwerbsfähigkeit der Frauen zu und das Allein-Ernährer-Modell der Familie veraltet. Zudem ist ein deutlicher technischer Fortschritt im Haushalt zu beobachten, was zur Folge hat, dass die Anerkennung der Hausfrau sinkt. Heutzutage versuchen die meisten Frauen, Familienleben und Beruf parallel zu bewältigen. Daher ist das Drei-Phasen-Modell der schwedischen Sozialwissenschaftlerinnen Myrdal und Klein, welches Mitte der 1950er Jahre entwickelt wurde, heute kaum noch vertreten. Dieses Modell zeigt, dass Frauen erst ihre Berufsausbildung genießen, sich dann dem Familienleben widmen und letztlich wieder ins Berufsleben einsteigen[26].

Um eine gute Stellung im Beruf zu erlangen und diese auch nach der Geburt des Kindes wieder zu bekommen, muss man meist einige Jahre nach der Ausbildung tätig sein. Dies ist die Ursache, warum das Alter, in dem Familien gegründet werden, steigt. Es ist keine Seltenheit mehr, dass Eltern ihr erstes Kind erst in einem Alter von etwa 30 Jahren bekommen[27]. Die zeitliche Steuerung sowie die Vermeidung von Nachwuchs sind seit der Einführung der hormonellen Verhütungsmittel, wie zum Beispiel der Pille, deutlich einfacher geworden. Zudem erfolgt die Beschränkung der Geburtenzahl aufgrund der Tatsache, dass die elterliche Aufmerksamkeit ganz dem einen Kind gewidmet wird. Der amerikanische Ökonom Gary S. Becker fasste bereits 1992 zusammen: „Es wird eher in die Qualität von wenigen Kindern als in die Quantität investiert."[28] Das bedeutet, dass Eltern sich lieber auf ein Kind konzentrieren, anstatt nicht genügend Zeit für mehrere Kinder zu haben. Dies ist eine Erklärung für die abnehmende Kinderzahl trotz des steigendem Wohlhabens.

Laut dem Soziologen Kaufmann herrscht besonders in den westlichen Teilen Deutschlands eine „strukturelle Rücksichtslosigkeit"[27] gegenüber Familien. Es gibt nur eine begrenzte Anzahl von Betreuungsplätzen, welche jedoch notwendig wären, um Familie und Beruf unter einen Hut zu bringen und in Bezug auf die kurzen Unterrichtszeiten sind die Arbeitszeiten sehr unflexibel.

Nicht nur die Variabilität der Arbeitszeiten, sondern auch die Flexibilität und Mobilität wird heute von Arbeitnehmern gefordert. In der Vergangenheit wurde oftmals das

---

[26] vgl. https://www.bpb.de/izpb/8036/wandel-der-familienentwicklung-ursachen-und-folgen?p=all (09.02.2019)
[27] https://www.destatis.de/DE/ZahlenFakten/GesellschaftStaat/Bevoelkerung/Geburten/Tabellen/GeburtenMutterAlterBundeslaender.html (28.02.2019)
[28] https://www.bpb.de/izpb/8036/wandel-der-familienentwicklung-ursachen-und-folgen?p=all (09.02.2019)

Familienunternehmen weitergeführt und somit blieb meist auch die Wohnstätte ein Leben lang gleich.

Weiterhin brachte die Einführung des Scheidungsrechts nach 1970 eine deutliche Vereinfachung, eine Ehe zu beenden, mit sich. Die Scheidungshäufigkeit steigt aufgrund des kulturellen Wandels. Während früher viele wegen ihres Glaubens beziehungsweise ihrer Religion heirateten, wird die Ehe heute immer weniger durch religiöse Normen geprägt. Die Scheidungsrate der Konfessionslosen ist höher als die der Katholiken[29]. Hinzuzufügen ist, dass Kinder geschiedener Eltern selbst ein höheres Scheidungsrisiko haben als Kinder, deren Eltern ein Leben lang zusammenwohnten. Grundsätzlich kann man sagen, dass die Familie sich einem Wandel vollzogen hat. Während ledige Mütter bis ins 19. Jahrhundert mit körperlichen Strafen sowie öffentlicher Zurschaustellung bestraft wurden und deren Kinder als „Bastard" bezeichnet wurden, ist es heute keine Seltenheit mehr, wenn ein uneheliches Kind geboren wird. Ebenso sorgte die Kirche für das Verbot von Abtreibungen und Scheidungen, wohingegen allein im Jahr 2017 innerhalb Deutschlands über 100.000 Schwangerschaftsabbrüche bekannt gegeben wurden[30].

7 Die Familie der Zukunft

Auch in der Zukunft wird die Bevölkerungsalterung bestehen bleiben und die Geburtenzahlen kaum steigen. Außerdem wird die Spaltung des Arbeitsmarktes, das heißt die Spanne zwischen arm und reich, wachsen. Aufgrund der in den Städten besser bezahlten Arbeitsplätze und der dortigen Ganztagsbetreuung von Kindern, welche sich 78% der Bevölkerung vermehrt wünscht[31], werden mehr Menschen in Ballungsgebieten leben. Die wachsende Zahl der Mütter, die Vollzeit-Jobs in Anspruch nehmen, wird zu vielen institutionellen Kindheiten, auch „Kita-Kindheit" genannt, führen. Dadurch wird die Zeit, die man innerhalb der Familie verbringt, abnehmen.

Trotzdem wird die Familie weiterhin das Zentrum der gesellschaftlichen Entwicklung darstellen und ein wichtiger sozialer Grundbaustein bleiben.

Vermutlich werden immer mehr Menschen eine Alternative zur Ehe suchen, da die Zahl derer sinkt, die sich ein Leben lang binden.

---

[29] https://www.bpb.de/izpb/8036/wandel-der-familienentwicklung-ursachen-und-folgen?p=all (09.02.2019)
[30] https://www.destatis.de/DE/PresseService/Presse/Pressemitteilungen/2018/03/PD18_074_233. html;jsessionid=A33A5C3B00C3C51A9AEE9E361A07D053.InternetLive1 (28.02.2019)
[31] http://docreader.readspeaker.com/docreader/?cid=cbeki&lang=de_de&url=http://www.bmfsfj.de /blob/119511/f51728a14e3c91c3d8ea657bb01bbab0/familienreport-2017-data.pdf (12.02.2019)

Beispielsweise gibt es in Frankreich seit 1999 den „pacte civile de solidarité" oder „PACS", welchen man als zivilen Solidaritätspakt übersetzt. Dies ist ein zivilrechtlicher Vertrag zwischen zwei Personen, welcher der Ehe in vielen Punkten ähnlich ist. Einen PACS-Vertrag können zwei Personen gleichen oder unterschiedlichen Geschlechts vor dem Amtsgericht schließen. Die Staatsangehörigkeit der beiden Volljährigen hat keinen Einfluss auf den zivilen Solidaritätspakt.

Im Unterschied zur Ehe sieht der PACS- Vertrag im Todesfall keine Witwenrente vor. Außerdem erlangt der „verpacste" Partner, wenn er keine französische Staatsbürgerschaft besitzt, kein automatisches Aufenthaltsrecht. Die Adoption von Kindern ist nicht gestattet und die Krankenkassen finanzieren keine künstlichen Befruchtungen.

Vorteile des Vertrags bestehen darin, dass er innerhalb von drei Monaten wieder aufgelöst werden kann und dass er keine Unterhaltszahlungen im Fall einer Trennung vorsieht.

Darüber hinaus gelten in einem Erbfall die gleichen Gesetze wie bei einem Ehepaar. Außerdem kann man gemeinsam steuerliche Vergünstigungen in Anspruch nehmen und der Partner, die keine Kranken- oder Sozialversicherung besitzt, kann die des anderen mit nutzen.

Das bedeutet, dass man in finanziellen Angelegenheiten von diesem Vertrag profitiert, allerdings eine Trennung keine hohen Kosten zur Folge hat.

In Frankreich bekommt diese Form der amtlich anerkannten Lebensgemeinschaft einen großen Zuspruch. Bereits 41% der Paare haben sich seit 1999 für einen PACS-Vertrag und keine Ehe entschieden[32]. Aufgrund des wachsenden Zuspruchs führten auch Luxemburg, Belgien und Chile den zivilen Solidaritätspakt ein. Zudem wurde in der Schweiz ebenfalls der Vorschlag für die Einführung dieses Vertrags gemacht.

Daraus lässt sich schlussfolgern, dass die Ehealternative der Franzosen möglicherweise die zukünftig dominierende staatlich anerkannte Lebensgemeinschaft sein wird. Demzufolge würde die Familienwelt weiterhin immer bunter werden, da diese Alternative zur Ehe mit sich bringt, dass zwei Menschen gar nicht die Absicht haben, ihr ganzes Leben miteinander zu verbringen. Somit werden Patchworkfamilien sowie alleinerziehende Elternteile oder auch Nestmodell und Wechselmodell immer häufigere Familienformen werden.

---

[32] https://www.sr.de/sr/sr1/programm/themen/pacs100.html (18.02.2019)

8 Schlussbemerkungen

In meiner Facharbeit setzte ich mich mit den Familienmodellen des 19. Jahrhunderts sowie den heutigen auseinander und suchte nach Ursachen des Wandels.

Zunächst machte ich eine Umfrage, in der ich analysierte, in welchem Familienmodell meine Mitschüler leben. Nachdem ich diese ausgewertet hatte, entwarf ich mithilfe dieser Daten ein Kreisdiagramm. Dadurch bekam ich ein grundlegendes Gefühl dafür, wie stark die verschiedenen Familienmodelle der Gegenwart vertreten sind.

Ich konnte feststellen, dass die Kernfamilie nach wie vor das vorherrschende Familienmodell darstellt. Neben Patchworkfamilien und alleinerziehenden Elternteilen ist das Wechselmodell das am häufigsten praktizierte. Das Nestmodell wird aufgrund des großen finanziellen Aufwandes in den meisten Fällen nur als Übergangslösung genutzt.

In allen gegenwärtigen Wohnmodellen ist die Frau im Gegensatz zu denen der Vergangenheit emanzipiert. Allerdings erkannte ich, dass die veralteten klassischen Rollenverteilungen bei Alleinerziehenden wieder aufkommen, denn dort hat ein Elternteil, welches meistens die Frau ist, die Aufgaben der Kindererziehung und des Haushaltes und der Mann verdient das Geld, um Unterhaltszahlungen zu leisten.

Da ich in einer Kernfamilie aufwachse, ist für mich weder die Form des Alleinerziehenden oder der Patchworkfamilie noch das Wechsel- oder Nestmodell vorstellbar. Welches Modell eine Familie praktiziert, sollte meiner Meinung nach am Alter des Kindes fest gemacht werden. Ich empfinde für Jugendliche das Wechselmodell als das Passendste, da diese zum einen die Reife besitzen, selber zu entscheiden, bei welchem Elternteil sie sich aufhalten wollen und zum anderen während der Pubertät der Freundeskreis einen großen Zuspruch erlangt und somit das „Zuhause" nicht als so wichtig empfunden wird, wie bei einem Grundschüler.

Das Problem, dass ein Großteil der Literatur nicht den Wandel, sondern nur die vergangene oder momentane Situation darstellt, hat sich bewahrheitet. Meine Befürchtungen, dass der Rahmen der Facharbeit zu eng ist, um sowohl die Geschichte als auch die Gegenwart zu erfassen, hat sich hingegen nicht erfüllt. Trotzdem lassen meine damit verbunden Erkenntnisse Raum für weiterführende Interpretationen, die jedoch den Rahmen dieser Facharbeit gesprengt hätten. Das Ziel, Außenstehenden einen Einblick in die Thematik zugeben, ist meines Erachtens gelungen.

Anlagen

<u>Statistiken</u>

Anlage 1:

Abbildung 1: Die Familie ist der wichtigste Lebensbereich*

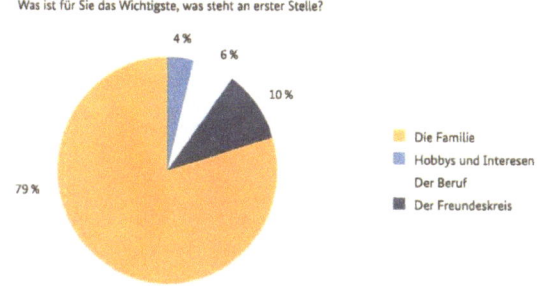

Was ist für Sie das Wichtigste, was steht an erster Stelle?

4 %
6 %
10 %
79 %

- Die Familie
- Hobbys und Interesen
- Der Beruf
- Der Freundeskreis

Fehlende Werte zu 100 %: Weiß nicht/keine Angabe.

Quelle: IfD Allensbach (2016): Familie 2030. Allensbacher Archiv: IfD-Umfrage 11058.

Quelle:

http://docreader.readspeaker.com/docreader/?cid=cbeki&lang=de_de&url=http://www
.bmfsfj.de/blob/119524/f51728a14e3c91c3d8ea657bb01bbab0/familienreport-2017-
data.pdf (12.02.2019)

Anlage 2:

Familien nach Lebensform und Kinderzahl

Familien nach Lebensform und Kinderzahl im Jahr 2017 in Deutschland

Zahl der Kinder	Insgesamt	Davon		
		Ehepaare	Lebensgemein-schaften	Allein-erziehende
			1 000	

Ergebnisse des Mikrozensus – Bevölkerung in Familie/Lebensform am Hauptwohnsitz.

Insgesamt	11 575	7 902	1 055	2 619
1 Kind	5 947	3 505	664	1 778
2 Kinder	4 236	3 262	314	659
3 Kinder und mehr	1 393	1 134	77	181

Quelle:

https://www.destatis.de/DE/ZahlenFakten/GesellschaftStaat/Bevoelkerung/Haushalte
Familien/Tabellen/2_1_Familien.html (19.02.2019)

Anlage 3:

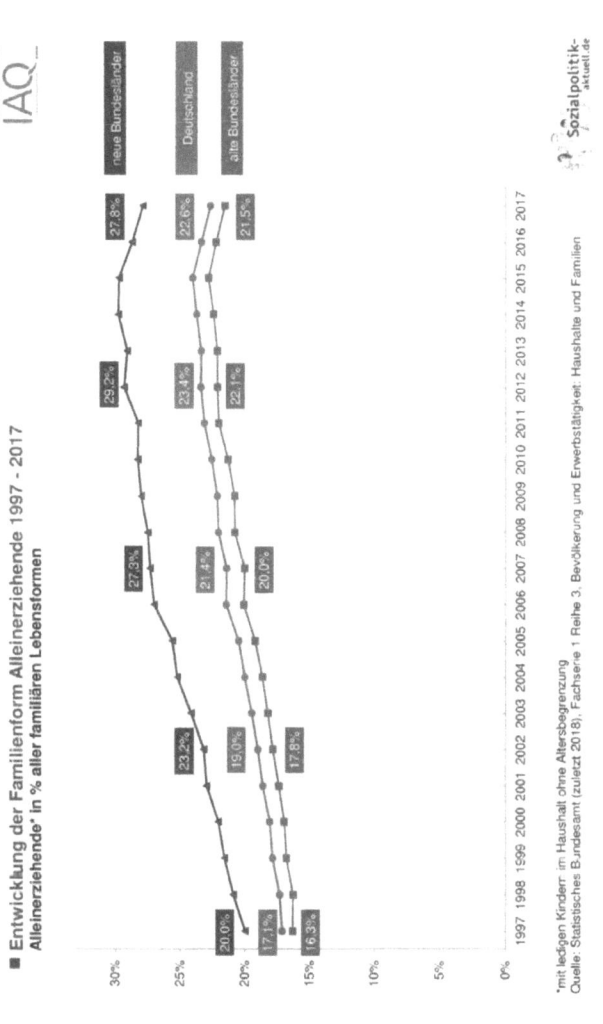

Quelle:

http://www.sozialpolitik-aktuell.de/tl_files/sozialpolitik-aktuell/_Politikfelder/Familienpolitik/Datensammlung/PDF-Dateien/abbVII94.pdf (12.02.2019)

Anlage 4:

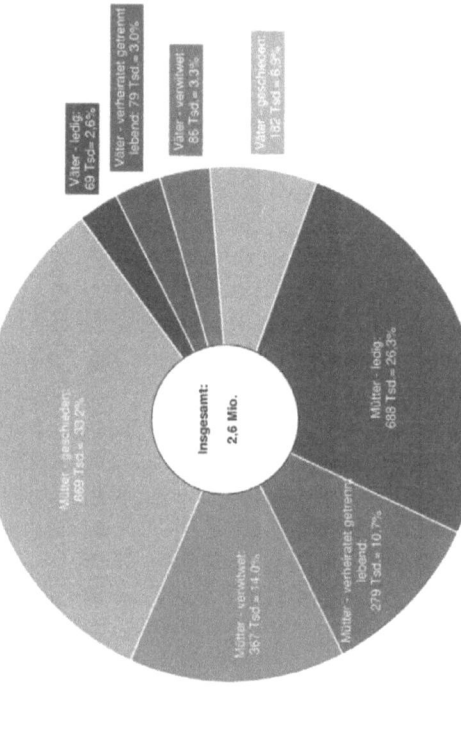

Allein erziehende Elternteile* nach Geschlecht und Familienstand 2017
in Tsd. und in %

Insgesamt:
2,6 Mio.

Mütter - ledig;
688 Tsd = 26,3%

Mütter - verheiratet getrennt lebend;
279 Tsd = 10,7%

Mütter - verwitwet;
367 Tsd = 14,0%

Mütter - geschieden;
869 Tsd = 33,2%

Väter - ledig;
69 Tsd = 2,6%

Väter - verheiratet getrennt lebend; 79 Tsd = 3,0%

Väter - verwitwet;
86 Tsd = 3,3%

Väter - geschieden;
162 Tsd = 6,3%

* Mit ledigen Kindern, die im Haushalt leben
Quelle: Quelle: Statistisches Bundesamt (2018) Fachserie 1, Reihe 1.3, Bevölkerung und Erwerbstätigkeit: Haushalt und Familien (eigene Berechnungen)

Quelle:

http://www.sozialpolitik-aktuell.de/tl_files/sozialpolitik-

aktuell/_Politikfelder/Familienpolitik/Datensammlung/PDF-Dateien/abbVII20.pdf (12.02.2019)

22

Anlage 5:

Anzahl der Ehescheidungen in Deutschland von 1990 bis 2017

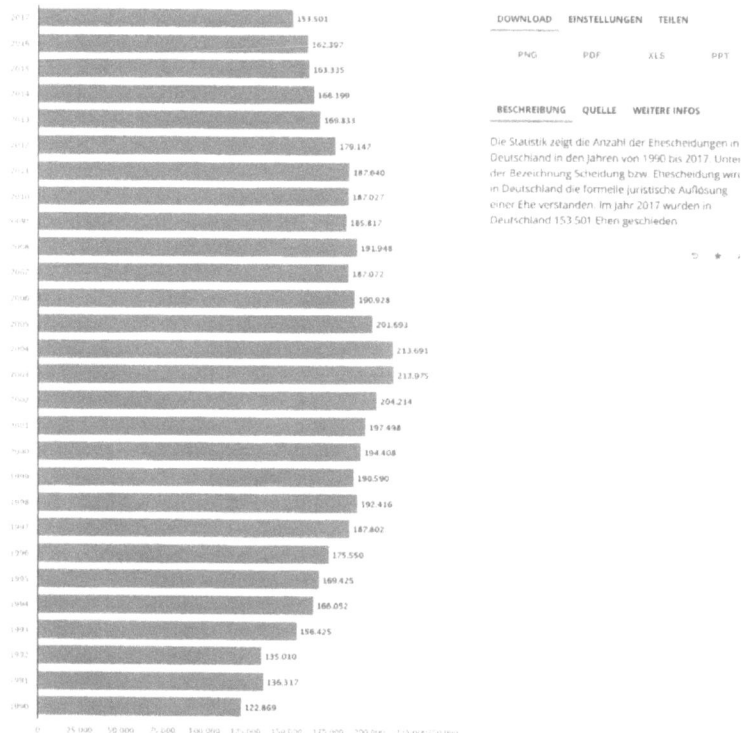

Quelle:

https://de.statista.com/statistik/daten/studie/228/umfrage/anzahl-der-ehescheidungen-seit-1990/ (25.02.2019)

Anlage 6:

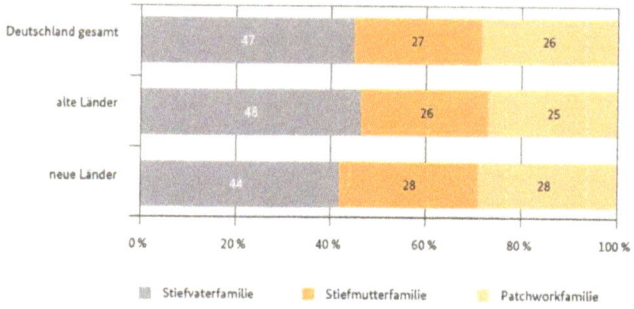

Abb. 4: Stieffamilientypen in Deutschland (Anteile in Prozent)

Quelle: AID:A 2009, Berechnungen: Kreyenfeld/Heintz-Martin 2012

Quelle:

https://www.bmfsfj.de/blob/76242/1ab4cc12c386789b943fc7e12fdef6a1/monitor-familienforschung-ausgabe-31-data.pdf (19.02.2019)

Anlage 7:

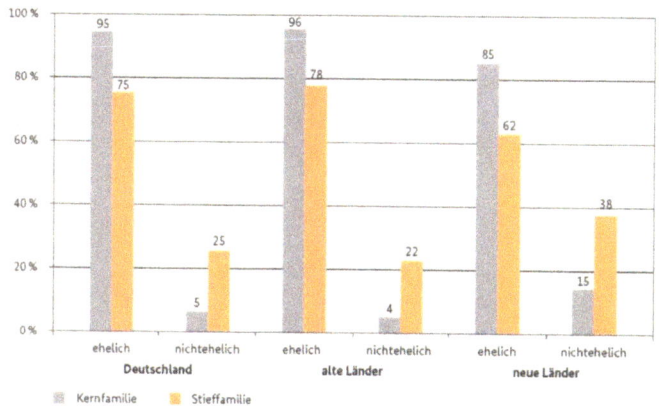

Abb. 9: Partnerschaft in Stief- und Kernfamilien in Deutschland nach Region (Anteile in Prozent)

Quelle: AID-A 2009; Berechnungen: Kreyenfeld/Heintz-Martin 2012

Quelle:

https://www.bmfsfj.de/blob/76242/1ab4cc12c386789b943fc7e12fdef6a1/monitor-familienforschung-ausgabe-31-data.pdf (19.02.2019)

Anlage 8:

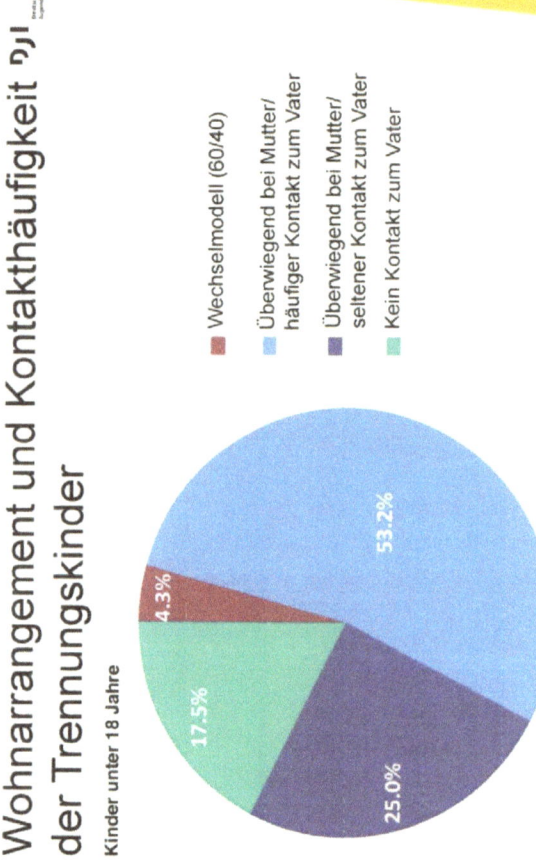

Wohnarrangement und Kontakthäufigkeit der Trennungskinder

Kinder unter 18 Jahre

- Wechselmodell (60/40)
- Überwiegend bei Mutter/ häufiger Kontakt zum Vater
- Überwiegend bei Mutter/ seltener Kontakt zum Vater
- Kein Kontakt zum Vater

53.2%

25.0%

17.5%

4.3%

Quelle: AID A II (0-17-jährige Zielkinder), nur Mutterangaben, eigene Berechnung, n=1.042, ungewichtete Daten. Häufiger Kontakt egal ob persönlich, telefonisch oder auf anderem Wege: mindestens 1-2 Mal pro Woche. Seltener Kontakt egal ob persönlich, telefonisch oder auf anderem Wege 1-2 Mal im Monat/seltener

Alexandra Langmeyer 21.11.2017 - DJI Jahrestagung

18

Quelle:

https://www.dji.de/fileadmin/user_upload/dasdji/tagungen/2017_Jahrestagung/11_langm eyer.pdf (20.02.2019)

26

Anlage 9:

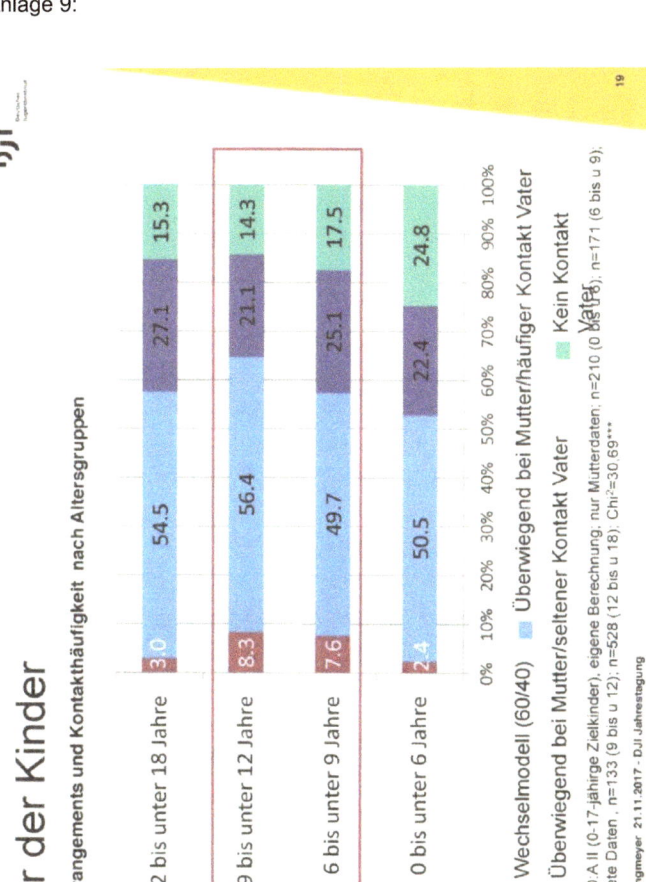

Quelle:

https://www.dji.de/fileadmin/user_upload/dasdji/tagungen/2017_Jahrestagung/11_lang
meyer.pdf (20.02.2019)

Anlage 10:

Abbildung 1: Residenzmodell mit 14-tägigem Wochenendkontakt

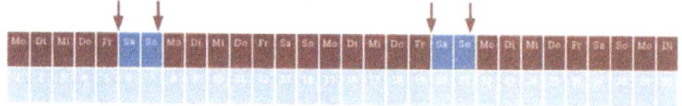

Abbildung 2: Residenzmodell mit erweitertem Umgang

Abbildung 3: Wechselmodell mit wöchentlichem Wechsel

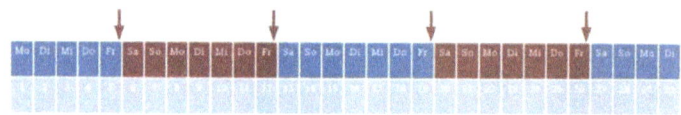

Quelle:

sünderhauf_2016_frühekindheitonline.pdf (20.02.2019)

28

Anlage 11:

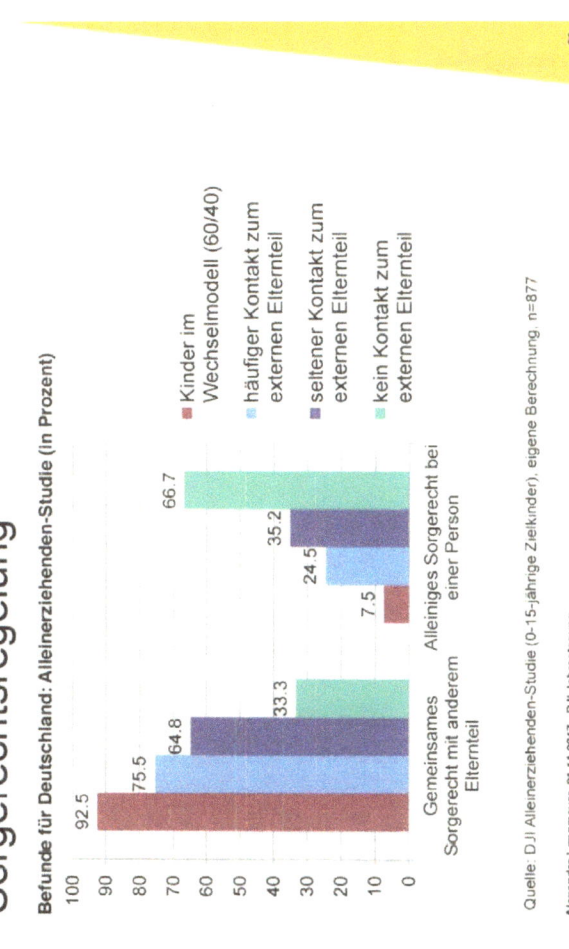

Sorgerechtsregelung

Befunde für Deutschland: Alleinerziehenden-Studie (in Prozent)

- Kinder im Wechselmodell (60/40)
- häufiger Kontakt zum externen Elternteil
- seltener Kontakt zum externen Elternteil
- kein Kontakt zum externen Elternteil

Quelle: DJI Alleinerziehenden-Studie (0-15-jährige Zielkinder), eigene Berechnung, n=877

Alexandra Langmeyer 21.11.2017 - DJI Jahrestagung

Quelle:
https://www.dji.de/fileadmin/user_upload/dasdji/tagungen/2017_Jahrestagung/11_langm
eyer.pdf (20.02.2019)

Gesetze

Anlage 12:

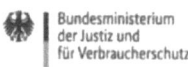

Bundesministerium   Bundesamt
der Justiz und   für Justiz
für Verbraucherschutz

◆ zurück   weiter ◆
Nichtamtliches Inhaltsverzeichnis

Gesetz zum Schutz von Müttern bei der Arbeit, in der Ausbildung und im Studium (Mutterschutzgesetz - MuSchG)
§ 16 Ärztliches Beschäftigungsverbot

(1) Der Arbeitgeber darf eine schwangere Frau nicht beschäftigen, soweit nach einem ärztlichen Zeugnis ihre Gesundheit oder die ihres Kindes bei Fortdauer der Beschäftigung gefährdet ist.
(2) Der Arbeitgeber darf eine Frau, die nach einem ärztlichen Zeugnis in den ersten Monaten nach der Entbindung nicht voll leistungsfähig ist, nicht mit Arbeiten beschäftigen, die ihre Leistungsfähigkeit übersteigen.

Quelle:

https://www.gesetze-im-internet.de/muschg_2018/__16.html (25.02.2019)

Bundesministerium   Bundesamt
der Justiz und   für Justiz
für Verbraucherschutz

◆ zurück   weiter ◆
Nichtamtliches Inhaltsverzeichnis

Gesetz zum Schutz von Müttern bei der Arbeit, in der Ausbildung und im Studium (Mutterschutzgesetz - MuSchG)
§ 13 Rangfolge der Schutzmaßnahmen: Umgestaltung der Arbeitsbedingungen, Arbeitsplatzwechsel und betriebliches Beschäftigungsverbot

(1) Werden unverantwortbare Gefährdungen im Sinne von § 9, § 11 oder § 12 festgestellt, hat der Arbeitgeber für jede Tätigkeit einer schwangeren oder stillenden Frau Schutzmaßnahmen in folgender Rangfolge zu treffen:

1. Der Arbeitgeber hat die Arbeitsbedingungen für die schwangere oder stillende Frau durch Schutzmaßnahmen nach Maßgabe des § 9 Absatz 2 umzugestalten.

2. Kann der Arbeitgeber unverantwortbare Gefährdungen für die schwangere oder stillende Frau nicht durch die Umgestaltung der Arbeitsbedingungen nach Nummer 1 ausschließen oder ist eine Umgestaltung wegen des nachweislich unverhältnismäßigen Aufwandes nicht zumutbar, hat der Arbeitgeber die Frau an einem anderen geeigneten Arbeitsplatz einzusetzen, wenn er einen solchen Arbeitsplatz zur Verfügung stellen kann und dieser Arbeitsplatz der schwangeren oder stillenden Frau zumutbar ist.

3. Kann der Arbeitgeber unverantwortbare Gefährdungen für die schwangere oder stillende Frau weder durch Schutzmaßnahmen nach Nummer 1 noch durch einen Arbeitsplatzwechsel nach Nummer 2 ausschließen, darf er die schwangere oder stillende Frau nicht weiter beschäftigen.

(2) Der Auftraggeber oder Zwischenmeister darf keine Heimarbeit an schwangere oder stillende Frauen ausgeben, wenn unverantwortbare Gefährdungen nicht durch Schutzmaßnahmen nach Absatz 1 Nummer 2 ausgeschlossen werden können.

Quelle:

http://www.gesetze-im-internet.de/muschg_2018/__13.html (25.02.2019)

Anlage 13:

Bundesministerium Bundesamt
der Justiz und für Justiz
für Verbraucherschutz

◆ zurück   weiter ◆
Nichtamtliches Inhaltsverzeichnis

Gesetz zum Schutz von Müttern bei der Arbeit, in der Ausbildung und im Studium
(Mutterschutzgesetz - MuSchG)
§ 3 Schutzfristen vor und nach der Entbindung

(1) Der Arbeitgeber darf eine schwangere Frau in den letzten sechs Wochen vor der Entbindung nicht beschäftigen (Schutzfrist vor der Entbindung), soweit sie sich nicht zur Arbeitsleistung ausdrücklich bereit erklärt. Sie kann die Erklärung nach Satz 1 jederzeit mit Wirkung für die Zukunft widerrufen. Für die Berechnung der Schutzfrist vor der Entbindung ist der voraussichtliche Tag der Entbindung maßgeblich, wie er sich aus dem ärztlichen Zeugnis oder dem Zeugnis einer Hebamme oder eines Entbindungspflegers ergibt. Entbindet eine Frau nicht am voraussichtlichen Tag, verkürzt oder verlängert sich die Schutzfrist vor der Entbindung entsprechend.

(2) Der Arbeitgeber darf eine Frau bis zum Ablauf von acht Wochen nach der Entbindung nicht beschäftigen (Schutzfrist nach der Entbindung). Die Schutzfrist nach der Entbindung verlängert sich auf zwölf Wochen

1.   bei Frühgeburten,

2.   bei Mehrlingsgeburten und,

3.   wenn vor Ablauf von acht Wochen nach der Entbindung bei dem Kind eine Behinderung im Sinne von § 2 Absatz 1 Satz 1 des Neunten Buches Sozialgesetzbuch ärztlich festgestellt wird.

Bei vorzeitiger Entbindung verlängert sich die Schutzfrist nach der Entbindung nach Satz 1 oder nach Satz 2 um den Zeitraum der Verkürzung der Schutzfrist vor der Entbindung nach Absatz 1 Satz 4. Nach Satz 2 Nummer 3 verlängert sich die Schutzfrist nach der Entbindung nur, wenn die Frau dies beantragt.

(3) Die Ausbildungsstelle darf eine Frau im Sinne von § 1 Absatz 2 Satz 2 Nummer 8 bereits in der Schutzfrist nach der Entbindung im Rahmen der schulischen oder hochschulischen Ausbildung tätig werden lassen, wenn die Frau dies ausdrücklich gegenüber ihrer Ausbildungsstelle verlangt. Die Frau kann ihre Erklärung jederzeit mit Wirkung für die Zukunft widerrufen.

(4) Der Arbeitgeber darf eine Frau nach dem Tod ihres Kindes bereits nach Ablauf der ersten zwei Wochen nach der Entbindung beschäftigen, wenn

1.   die Frau dies ausdrücklich verlangt und

2.   nach ärztlichem Zeugnis nichts dagegen spricht.

Sie kann ihre Erklärung nach Satz 1 Nummer 1 jederzeit mit Wirkung für die Zukunft widerrufen.

Quelle:

https://www.gesetze-im-internet.de/muschg_2018/__3.html (25.02.2019)

Anlage 14:

◆ zurück   weiter ◆
Nichtamtliches Inhaltsverzeichnis

Gesetz zum Schutz von Müttern bei der Arbeit, in der Ausbildung und im Studium (Mutterschutzgesetz - MuSchG)
§ 17 Kündigungsverbot

(1) Die Kündigung gegenüber einer Frau ist unzulässig

1.   während ihrer Schwangerschaft,

2.   bis zum Ablauf von vier Monaten nach einer Fehlgeburt nach der zwölften Schwangerschaftswoche und

3.   bis zum Ende ihrer Schutzfrist nach der Entbindung, mindestens jedoch bis zum Ablauf von vier Monaten nach der Entbindung,

wenn dem Arbeitgeber zum Zeitpunkt der Kündigung die Schwangerschaft, die Fehlgeburt nach der zwölften Schwangerschaftswoche oder die Entbindung bekannt ist oder wenn sie ihm innerhalb von zwei Wochen nach Zugang der Kündigung mitgeteilt wird. Das Überschreiten dieser Frist ist unschädlich, wenn die Überschreitung auf einem von der Frau nicht zu vertretenden Grund beruht und die Mitteilung unverzüglich nachgeholt wird. Die Sätze 1 und 2 gelten entsprechend für Vorbereitungsmaßnahmen des Arbeitgebers, die er im Hinblick auf eine Kündigung der Frau trifft.
(2) Die für den Arbeitsschutz zuständige oberste Landesbehörde oder die von ihr bestimmte Stelle kann in besonderen Fällen, die nicht mit dem Zustand der Frau in der Schwangerschaft, nach einer Fehlgeburt nach der zwölften Schwangerschaftswoche oder nach der Entbindung in Zusammenhang stehen, ausnahmsweise die Kündigung für zulässig erklären. Die Kündigung bedarf der Schriftform und muss den Kündigungsgrund angeben.
(3) Der Auftraggeber oder Zwischenmeister darf eine in Heimarbeit beschäftigte Frau in den Fristen nach Absatz 1 Satz 1 nicht gegen ihren Willen bei der Ausgabe von Heimarbeit ausschließen; die §§ 3, 8, 11, 12, 13 Absatz 2 und § 16 bleiben unberührt. Absatz 1 gilt auch für eine Frau, die der in Heimarbeit beschäftigten Frau gleichgestellt ist und deren Gleichstellung sich auch auf § 29 des Heimarbeitsgesetzes erstreckt. Absatz 2 gilt für eine in Heimarbeit beschäftigte Frau und eine ihr Gleichgestellte entsprechend.

Quelle:

https://www.gesetze-im-internet.de/muschg_2018/__17.html (25.02.2019)

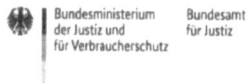

◆ zurück   weiter ◆
Nichtamtliches Inhaltsverzeichnis

Gesetz zum Elterngeld und zur Elternzeit (Bundeselterngeld- und Elternzeitgesetz - BEEG)
§ 18 Kündigungsschutz

(1) Der Arbeitgeber darf das Arbeitsverhältnis ab dem Zeitpunkt, von dem an Elternzeit verlangt worden ist, nicht kündigen. Der Kündigungsschutz nach Satz 1 beginnt

1.   frühestens acht Wochen vor Beginn einer Elternzeit bis zum vollendeten dritten Lebensjahr des Kindes und

2.   frühestens 14 Wochen vor Beginn einer Elternzeit zwischen dem dritten Geburtstag und dem vollendeten achten Lebensjahr des Kindes

Während der Elternzeit darf der Arbeitgeber das Arbeitsverhältnis nicht kündigen. In besonderen Fällen kann ausnahmsweise eine Kündigung für zulässig erklärt werden. Die Zulässigkeitserklärung erfolgt durch die für den Arbeitsschutz zuständige oberste Landesbehörde oder die von ihr bestimmte Stelle. Die Bundesregierung kann mit Zustimmung des Bundesrates allgemeine Verwaltungsvorschriften zur Durchführung des Satzes 4 erlassen.
(2) Absatz 1 gilt entsprechend, wenn Arbeitnehmer oder Arbeitnehmerinnen

1.   während der Elternzeit bei demselben Arbeitgeber Teilzeitarbeit leisten oder

2.   ohne Elternzeit in Anspruch zu nehmen, Teilzeitarbeit leisten und Anspruch auf Elterngeld nach § 1 während des Zeitraums nach § 4 Absatz 1 Satz 1 und 3 haben.

Quelle:

http://www.gesetze-im-internet.de/beeg/__18.html (25.02.2019)

Anlage 15:

Bundesministerium
der Justiz und
für Verbraucherschutz

Bundesamt
für Justiz

◆ zurück   weiter ◆

Nichtamtliches Inhaltsverzeichnis

Gesetz zum Elterngeld und zur Elternzeit (Bundeselterngeld- und Elternzeitgesetz - BEEG)
§ 2 Höhe des Elterngeldes

(1) Elterngeld wird in Höhe von 67 Prozent des Einkommens aus Erwerbstätigkeit vor der Geburt des Kindes gewährt. Es wird bis zu einem Höchstbetrag von 1 800 Euro monatlich für volle Monate gezahlt, in denen die berechtigte Person kein Einkommen aus Erwerbstätigkeit hat. Das Einkommen aus Erwerbstätigkeit errechnet sich nach Maßgabe der §§ 2c bis 2f aus der um die Abzüge für Steuern und Sozialabgaben verminderten Summe der positiven Einkünfte aus

1.   nichtselbständiger Arbeit nach § 2 Absatz 1 Satz 1 Nummer 4 des Einkommensteuergesetzes sowie

2.   Land- und Forstwirtschaft, Gewerbebetrieb und selbständiger Arbeit nach § 2 Absatz 1 Satz 1 Nummer 1 bis 3 des Einkommensteuergesetzes,

die im Inland zu versteuern sind und die die berechtigte Person durchschnittlich monatlich im Bemessungszeitraum nach § 2b oder in Monaten der Bezugszeit nach § 2 Absatz 3 hat.
(2) In den Fällen, in denen das Einkommen aus Erwerbstätigkeit vor der Geburt geringer als 1 000 Euro war, erhöht sich der Prozentsatz von 67 Prozent um 0,1 Prozentpunkte für je 2 Euro, um die dieses Einkommen den Betrag von 1 000 Euro unterschreitet, auf bis zu 100 Prozent. In den Fällen, in denen das Einkommen aus Erwerbstätigkeit vor der Geburt höher als 1 200 Euro war, sinkt der Prozentsatz von 67 Prozent um 0,1 Prozentpunkte für je 2 Euro, um die dieses Einkommen den Betrag von 1 200 Euro überschreitet, auf bis zu 65 Prozent.
(3) Für Monate nach der Geburt des Kindes, in denen die berechtigte Person ein Einkommen aus Erwerbstätigkeit hat, das durchschnittlich geringer ist als das Einkommen aus Erwerbstätigkeit vor der Geburt, wird Elterngeld in Höhe des nach Absatz 1 oder 2 maßgeblichen Prozentsatzes des Unterschiedsbetrages dieser Einkommen aus Erwerbstätigkeit gezahlt. Als Einkommen aus Erwerbstätigkeit vor der Geburt ist dabei höchstens der Betrag von 2 770 Euro anzusetzen. Der Unterschiedsbetrag nach Satz 1 ist für das Einkommen aus Erwerbstätigkeit in Monaten, in denen die berechtigte Person Elterngeld im Sinne des § 4 Absatz 2 Satz 2 in Anspruch nimmt, und in Monaten, in denen sie Elterngeld Plus im Sinne des § 4 Absatz 3 Satz 1 in Anspruch nimmt, getrennt zu berechnen.
(4) Elterngeld wird mindestens in Höhe von 300 Euro gezahlt. Dies gilt auch, wenn die berechtigte Person vor der Geburt des Kindes kein Einkommen aus Erwerbstätigkeit hat.

Quelle:

https://www.gesetze-im-internet.de/beeg/__2.html (25.02.2019)

Anlage 16:

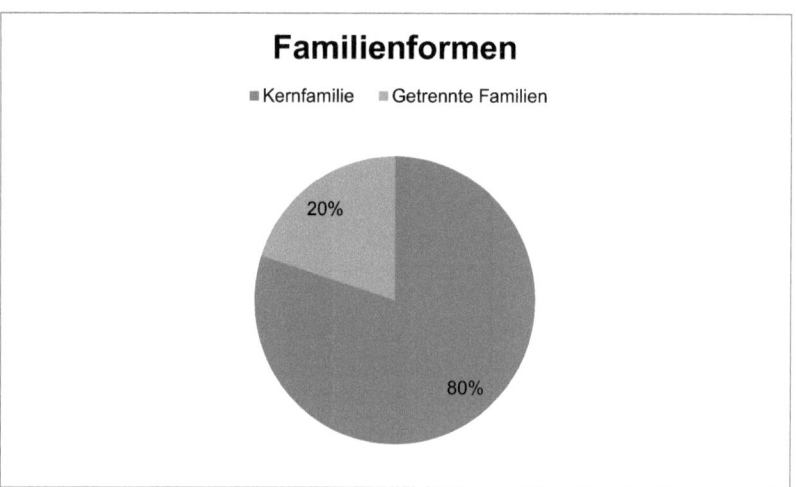

In der Umfrage einer 10. Klasse des Gymnasiums sind insgesamt 59 Schüler befragt wurden. 47 Schüler gaben an, in einer Kernfamilie zu leben. Die restlichen 12 Schüler leben nicht mit beiden Elternteilen zusammen.

Anlage 17:

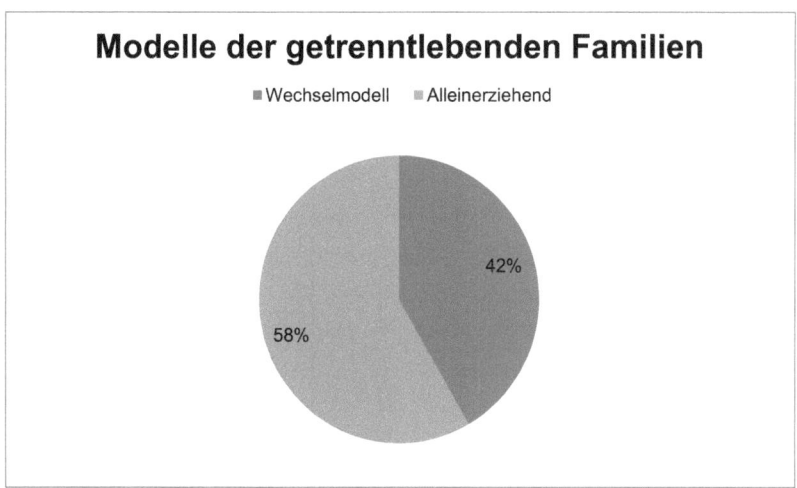

Modelle der getrenntlebenden Familien

■ Wechselmodell ■ Alleinerziehend

42%

58%

Von 59 befragten Schülern der Klassenstufe 10 leben 12 Schüler nicht in einem gemeinsamen Haushalt mit beiden Elternteilen. 7 Schüler leben hauptsächlich bei einem Elternteil und besuchen das andere nur an Wochenenden. Die anderen 5 Schüler leben im Wechselmodell.

Keine Familie dieses Jahrgangs lebt nach der Form des Nestmodells.

Literaturverzeichnis

Bücher:

Brandt, Uwe; Hitzschke, Angela; Schulz-Bode, Beate; Simon, Ulrike: Mensch und Politik SII. Gesamtband Sachsen. Gemeinschaftskunde Rechtserziehung Wirtschaft. Braunschweig 2008

Dr. Altmann, Gerhard; Dalljo, Uta; Schulz-Bode, Beate; Simon, Albrecht; Simon, Ulrike: Mensch & Politik. Sekundarstufe II. Gesamtband Sachsen. Gemeinschaftskunde Rechtserziehung Wirtschaft. Braunschweig 2014

Evangelische Aktionsgemeinschaft für Familienfragen (Hrsg.): So leben wir. Familien in Sachsen im Porträt. Dresden 2018

Hirschel, Nikoletta: Strukturwandel der Familie und Familienformen im Wandel. München 2001

Jaszus, Büchin-Wilhelm, Mäder-Berg, Gutmann: Sozialpädagogische Lernfelder für Erzieherinnen und Erzieher. 2. Auflage. Stuttgart 2014

Munkenast, Ramona: Familie im Wandel. Die Sozialgeschichte der Familie. Norderstedt 2017

Otto, Karl-Heinz (Hrsg.): Welt im Wandel. Ein Informations- und Arbeitsheft für die Sekundarstufe II. Braunschweig 2017

Internetquellen:

Aptawelt: Elterngeld und Eltzernzeit beim zweiten Kind. In: https://www.aptawelt.de/schwangerschaft/Zweite-Schwangerschaft/Elterngeld-Und-Elternzeit-Beim-Zweiten-Kind.html?gclid=CjwKCAiA767jBRBqEiwAGdAOrzxFTe8cNJmHYfsKcDYuAUpanF1ax_zfkmAwi0YCdiXOHdnzknXqkRoCbAAQAvD_BwE&gclsrc=aw.ds (19.02.2019)

Baaske, Günter: Familienform: Alleinerziehend. In:
https://masgf.brandenburg.de/sixcms/media.php/4055/alleinerziehend.pdf
(13.02.2019)

Böhnke, Johannes: Zusammenleben in verschiedenen Familienformen. In:
https://www.beratung-caritasnet.de/eltern-kinder-und-jugendliche/erziehungs-und-
familienberatung/informationen/themen/allgemeine-erziehungs-und-
familienfragen/zusammenleben-in-verschiedenen-familienformen/ (04.02.2019)

Buck, Johannes: Alternative Lebensformen PACS oder Ehe light. In:
https://www.zdf.de/nachrichten/heute/pacs-ehe-light-100.html (18.02.2019)

Bundesministerium der Justiz und für Verbraucherschutz: Elterngeld und Elternzeit
§ 18 Kündigungsschutz. In: http://www.gesetze-im-internet.de/beeg/__18.html
(25.02.2019)

Bundesministerium der Justiz und für Verbraucherschutz: Elterngeld und Elternzeit
§ 2 Höhe des Elterngeldes. In: https://www.gesetze-im-internet.de/beeg/__2.html
(25.02.2019)

Bundesministerium der Justiz und für Verbraucherschutz: Mutterschutzgesetz § 3
Schutzfristen vor und nach der Entbindung. In: https://www.gesetze-im-
internet.de/muschg_2018/__3.html (25.02.2019)

Bundesministerium der Justiz und für Verbraucherschutz: Mutterschutzgesetz § 16
Ärztliches Beschäftigungsverbot. In: https://www.gesetze-im-
internet.de/muschg_2018/__16.html (25.02.2019)

Bundesministerium der Justiz und für Verbraucherschutz: Mutterschutzgesetz §17
Kündigungsverbot. In: https://www.gesetze-im-internet.de/muschg_2018/__17.html
(25.02.2019)

Bundesministerium für Familie, Senioren, Frauen und Jugend: Alleinerziehende fördern und unterstützen. In: https://www.bmfsfj.de/bmfsfj/themen/familie/chancen-und-teilhabe-fuer-familien/alleinerziehende (12.02.2019)

Bundesministerium für Familie, Senioren, Frauen und Jugend: Steif-und Patchworkfamilien in Deutschland. In: https://www.bmfsfj.de/blob/76242/1ab4cc12c386789b943fc7e12fdef6a1/monitor-familienforschung-ausgabe-31-data.pdf (19.02.2019)

Dr. Barley, Katarina: Familienreport 2017. In: https://www.bmfsfj.de/blob/119524/f51728a14e3c91c3d8ea657bb01bbab0/familienreport-2017-data.pdf (12.02.2019)

Dr. Langmeyer, Alexandra: Wohlbefinden von Kindern in unterschiedlichen Konstellationen nach Trennung der Eltern. In: https://www.dji.de/fileadmin/user_upload/dasdji/tagungen/2017_Jahrestagung/11_la ngmeyer.pdf (20.02.2019)

Familienportal: Was ist der Kündigungsschutz? In: https://familienportal.de/familienportal/familienleistungen/mutterschutz (19.02.2019)

Gesundheitsportal ellviva: Patchworkfamilien in Deutschland. In: https://www.ellviva.de/familie-leben/kinder-jugendliche/patchworkfamilie-patchwork-familien (19.02.2019)

Heiner, Krabbe: Familien Formen. In: http://mediationswerkstatt-muenster.de/fileadmin/daten/mediationswerkstatt/literatur/Familien_Formen.pdf (09.02.2019)

Henschel, Andrea: Wandel der familiären Lebensformen: Von der bäuerlichen bis zur modernen Familie. In: https://www.grin.com/document/59001 (29.12.2018)

Huinink, Johannes: Familie: Konzeption und Realität. In: http://www.bpb.de/izpb/8017/familie-konzeption-und-realitaet?p=all (29.12.2018)

Huinink, Johannes: Wandel der Familienentwicklung: Ursachen und Folgen. In: https://www.bpb.de/izpb/8036/wandel-der-familienentwicklung-ursachen-und-folgen?p=all (09.02.2019)

Hungerland, Beatrice: Familie im Wandel. In: https://www.hs-magdeburg.de/fileadmin/user_upload/Fachbereiche/AHW/files/ringvorlesungen/08-11-04RingvorlesungIV.pdf (29.12.2018)

Institut Arbeit und Qualität der Universität Duisburg-Essen: Alleinerziehende Elternteile nach Geschlecht und Familienstand 2017. In: http://www.sozialpolitik-aktuell.de/tl_files/sozialpolitik-aktuell/_Politikfelder/Familienpolitik/Datensammlung/PDF-Dateien/abbVII20.pdf 12.02.2019)

Institut Arbeit und Qualität der Universität Duisburg-Essen: Entwicklung der Familienform Alleinerziehende 1997-2017. In: http://www.sozialpolitik-aktuell.de/tl_files/sozialpolitik-

aktuell/_Politikfelder/Familienpolitik/Datensammlung/PDF-Dateien/abbVII94.pdf
(12.02.2019)

Jürgens, Sarah; Vorderwülbecke, Stefanie: Unterkunft einer Arbeiterfamilie um
1900. In:
http://ammermann.de/Projekt%202012/Arbeiterfamilie/unterkunft_einer_arbeiterfami
lie.htm (02.01.2019)

Kindaktuell: Patchworkfamilien – Was ist das genau? In:
https://www.kindaktuell.at/schule-co/patchworkfamilien-was-ist-das-genau.html
(19.02.2019)

König, Jürgen: Wie funktioniert die französische PACS- Partnerschaft? In:
https://www.deutschlandfunk.de/ehe-light-wie-funktioniert-die-franzoesische-
pacs.772.de.html?dram:article_id=417031 (18.02.2019)

Landesfamilienrat Baden-Württemberg: Familienformen im Wandel. In:
http://www.eaf-
bayern.de/uploads/media/FT_Familie...190514_WS4_Familienformen_im_Wandel_
Daumueller.pdf (09.02.2019)

Mainz-Kwasnoik, Martina: Nestmodell – Mama und Papa pendeln. In:
https://www.mainz-kwasniok.de/mutters-haus-vaters-haus-neuordnung-nach-
trennung/nestmodell/ (20.02.2019)

Pfister, U.: Proletarische Familienverhältnisse. In: https://www.uni-
muenster.de/imperia/md/content/hist_sem_swg/studium/ss08/s09proletarischeiso88
591qverhe4ltnissefolien2epdf (02.01.2019)

Postbank: Patchworkfamilie – Ratgeber zu Geld und Recht. In:
https://www.postbank.de/themenwelten/artikel_patchworkfamilie-rechte-pflichten-
und-finanzen.html (19.02.2019)

Prof. Dr. Maiwald, Jörg: Das Wechselmodell aus Sicht des Kindes. In:
https://www.vamv-berlin.de/wechselmodell/das-wechselmodell-aus-sicht-des-
kindes/ (20.02.2019)

Saarländischer Rundfunk: Ja, ich pacse – Ehe light in Frankreich. In:
https://www.sr.de/sr/sr1/programm/themen/pacs100.html (18.02.2019)

Scheidungsrecht.org: Das Wechselmodell – die hälftige Kinderbetreuung. In:
https://www.scheidungsrecht.org/wechselmodell/ (20.02.2019)

Schneider, Nobert: Die familiendemografische Entwicklung in Deutschland. In:
http://www.bpb.de/politik/grundfragen/deutsche-verhaeltnisse-eine-
sozialkunde/138030/die-familiendemografische-entwicklung-in-deutschland
(27.12.2018)

Sofatutor-Magazin: Patchworkfamilie – zwischen Herausforderung und Glücksfall.
In: https://magazin.sofatutor.com/eltern/2018/04/12/patchworkfamilie-zwischen-
herausforderung-und-gluecksfall/ (19.02.2019)

Statistisches Bundesamt: Familien nach Lebensform und Kinderzahl. In:
https://www.destatis.de/DE/ZahlenFakten/GesellschaftStaat/Bevoelkerung/Haushalt
eFamilien/Tabellen/2_1_Familien.html (19.02.2019)

Sünderhauf, Hildegund: Getrennt erziehen im Wechselmodell. In: sünderhauf_2016_frühekindheitonline.pdf (20.02.2019)

VexCash: Umgangsrecht: Wer die Kosten für den Unterhalt trägt. In: https://www.vexcash.com/blog/umgangsrecht-kosten-fuer-kindesunterhalt/ (20.02.2019)

Was ist eine Familie? In: https://tu-dresden.de/mn/psychologie/ifap/allgpsy/ressourcen/dateien/lehre/lehreveranstaltun gen/scherbaum_lehre/Katja_10-12.pdf?lang=de (27.12.2018)

WAZ: Warum es Trennungskinder häufig so schwer haben. In: https://www.waz.de/leben/warum-es-trennungskinder-haeufig-so-schwer-haben-id212214089.html (20.02.2019)

Wikipedia: Steiffamilie. In: https://de.wikipedia.org/wiki/Stieffamilie (19.02.2019)

Wittwer, Kathrin: Wer und was ist eigentlich Familie? In: https://www.urbia.de/magazin/familienleben/politik-und-gesellschaft/wer-und-was-ist-eigentlich-familien (27.12.2018)

Zeit Online: In Deutschland werden so viele Kinder geboren wie vor 20 Jahren. In: https://www.zeit.de/gesellschaft/zeitgeschehen/2018-03/geburtenrate-deutschland-anstieg-statistisches-bundesamt (19.02.2019)